Charlotte Baier

Soziale Rollen - Die Lehrerrolle verstehen

Der Personenzentrierte Ansatz

GRIN Verlag

Bibliografische Information der Deutschen Nationalbibliothek:

Die Deutsche Bibliothek verzeichnet diese Publikation in der Deutschen National-
bibliografie; detaillierte bibliografische Daten sind im Internet über http://dnb.d-
nb.de/ abrufbar.

Dieses Werk sowie alle darin enthaltenen einzelnen Beiträge und Abbildungen
sind urheberrechtlich geschützt. Jede Verwertung, die nicht ausdrücklich vom
Urheberrechtsschutz zugelassen ist, bedarf der vorherigen Zustimmung des Verla-
ges. Das gilt insbesondere für Vervielfältigungen, Bearbeitungen, Übersetzungen,
Mikroverfilmungen, Auswertungen durch Datenbanken und für die Einspeicherung
und Verarbeitung in elektronische Systeme. Alle Rechte, auch die des auszugsweisen
Nachdrucks, der fotomechanischen Wiedergabe (einschließlich Mikrokopie) sowie
der Auswertung durch Datenbanken oder ähnliche Einrichtungen, vorbehalten.

Impressum:

Copyright © 2010 GRIN Verlag GmbH
Druck und Bindung: Books on Demand GmbH, Norderstedt Germany
ISBN: 978-3-640-80317-0

GRIN - Your knowledge has value

Der GRIN Verlag publiziert seit 1998 wissenschaftliche Arbeiten von Studenten, Hochschullehrern und anderen Akademikern als eBook und gedrucktes Buch. Die Verlagswebsite www.grin.com ist die ideale Plattform zur Veröffentlichung von Hausarbeiten, Abschlussarbeiten, wissenschaftlichen Aufsätzen, Dissertationen und Fachbüchern.

Besuchen Sie uns im Internet:

http://www.grin.com/

http://www.facebook.com/grincom

http://www.twitter.com/grin_com

Leibniz Universität Hannover
Institut für Erziehungswissenschaften
Seminar: Lehrer-Schüler- Interaktion

SoSem 2009

Ausarbeitung zum Referat vom 22.5.2009

Thema: Soziale Rollen – Die Lehrerrolle verstehen.

Der Personenzentrierte Ansatz

Charlotte Baier
MA.Ed. Lehramt an Gymnasien
Germanistik/Geschichte

Gliederung:

1. Die Entwicklung des Personenzentrierten Ansatzes.

Der Personenzentrierte Ansatz (PZA) kommt ursprünglich aus der Pädagogik und wurde von Carl Rogers im Rahmen der „Klientenzentrierten Gesprächspsychotherapie" 1951 entwickelt.[1] Er bewies, dass Therapeuten, deren Klienten am Ende der Psychotherapie günstige Veränderungen im Testwert aufwiesen, sich gemäß Einschätzungen der Tonaufnahmen durch neutrale Bewerter und durch Einschätzungen der Klienten deutlich achtungsvoll, wertschätzend, sowie einfühlsam und aufrichtig gegenüber dem Klienten verhielten.[2]

Dem theoretischen Ansatz Rogers liegt ein humanistisches Menschenbild zugrunde. Anders als in der Psychoanalyse und den kognitiven Theorien, wo unbewusste Triebe bzw. Reiz-Reaktions-Verhalten den Menschen bestimmen, geht die humanistische Psychologie von der Selbststeuerung des Individuums aus. Der Mensch wird als ganzheitliches Wesen (Kognition, Emotion und Motivation) betrachtet, dessen Ziel die Selbstverwirklichung ist. [3]

Diese Ergebnisse Rogers wurden 1991 durch Annemarie und Reinhard Tausch an über 900 Klienten in Einzel und Gruppenpsychotherapie bestätigt.[4] Zuvor entwickelten sie schon in den 70er Jahren den Ansatz von Rogers weiter und zentrierten ihn zur Schule hin[5]. Die Gesellschaft für wissenschaftliche Gesprächspsychotherapie setzt sich seit der PISA-Studie vermehrt dafür ein, dass der Ansatz in das Schulsystem integriert wird.[6] Im gehaltenen Referat und seiner vorliegenden Ausarbeitung wird der Grundgedanke des Personenzentrierten Ansatz und seine Einsatzmöglichkeiten für die schulische Praxis vorgestellt.

---

[1] Personenzentrierte Kultur verbessert Schulklima und Leistungsfähigkeit von Schülern und Lehrern. Interview mit Dr. Thomas Fleischer. In: Gesprächspsychotherapie und Personenzentrierte Beratung 1/04. S.9-14.

[2] Tausch, Reinhard 1999: Achtung und Einfühlung – Kompass für didaktische und erzieherische Handlungen von Lehrern und Erziehern. In: Beate Bender, Thomas Fleischer, Birke Mersmann (Hg.): Person und Beziehung in Schule und Unterricht. Ein Beitrag des Personenzentrierten Ansatzes zur Professionalisierung des Lernens in der Schule. Köln, S. 3–12.

[3] Köck, Janina: Der personenzentrierte Ansatz nach Carl R Rogers. http://www.wege.org/der-personenzentrierte-ansatz-nach-carl-r-rogers.html(30.05.2009)

[4] Tausch, Reinhard: Achtung und Einfühlung - Kompaß für didaktische und erzieherische Handlung von Lehrern und Erziehern. .S.3.

[5] Personenzentrierte Kultur verbessert Schulklima und Leistungsfähigkeit von Schülern und Lehrern. Interview mit Dr. Thomas Fleischer. S.9.

[6] Ebd.

2. Grundgedanke und Ziel des Personenzentrierten Ansatzes

Der personenzentrierte Ansatz besteht in erster Linie aus humanen Grundeinstellungen: Wertschätzung, Einfühlsamkeit und Echtheit. Der Klient als gleichberechtigter Partner des Psychologen bildet den Mittelpunkt der Therapie. Ziel ist es, das Erleben und Verhalten des Klienten, mittels Gesprächen, zu verändern. Es geht um konstruktive Kommunikations- und Kooperationsformen, um zwischenmenschliche Beziehung und um die Entwicklung einer Person. Vorwegzunehmen ist, dass der PZA keine Technik ist, sondern Grundlage und Rahmenbedingung konstruktiver menschlicher Begegnungen[7]. Bei Fragen, die nach dem persönlichen Erleben von Situationen und Geschehen, nach der Wahrnehmung und der Bewertung von sich und anderen fragen, bietet der Ansatz eine gute Ausgangslage.

Die Untersuchungen von Annemarie und Reinhard Tausch zeigen, dass Achtung und Wärme, sowie Einfühlung in den Patienten positive Effekte erzielten.

Beispielsweise trugen *Achtung und Wärme* der Helfenden beim Belasteten zu einer Zunahme von Selbstachtung und Selbstakzeptierung, von Vertrauen, Hoffnung und dem Gefühl von Geborgenheit sowie zur Beruhigung und Entspannung bei. Weiterhin wurde Angstminderung, die Abnahme negativer Selbstbewertung und die Verminderung von Verwirrung bewirkt.[8]

Einfühlungsvermögen des Helfenden fördert beim Belasteten, das Gefühl des Ernstgenommenwerdens, eine tiefe Erfahrung des Verstandenwerdens, das Gefühl von Nähe und die Verminderung von Widerstand und Trotz.

Achtung und Einfühlung zusammen bedingen also eine gute zwischenmenschliche Beziehung, Kooperation, Zufriedenheit mit der Begegnung, ein sich wohlfühlen und Bereitschaft zur Aufrechterhaltung dieser Beziehung, sowie förderliche Aktivitäten und Rücksichtnahme auf andere in den eigenen Handlungen. [9]

Tausch und Tausch zeigen, dass es sinnvoll ist, diesen Grundgedanken auch auf die Schule zu übertragen. Sie fordern ein Vorgehen, dass die innerpsychische Situation des Kindes mehr im Auge hat, als das bis dato der Fall ist. Das Kind soll dort angesprochen werden, wo es

---

[7] Personenzentrierte Kultur verbessert Schulklima und Leistungsfähigkeit von Schülern und Lehrern. Interview mit Dr. Thomas Fleischer. S.10.
[8] Tausch, Reinhard: Achtung und Einfühlung-Kompaß für didaktische und erzieherische Handlung von Lehrern und Erziehern.S. 5.
[9] Ebd.

emotional und kognitiv steht. Ein Lehrer, der einfühlsam und achtsam mit seinen Schülern[10] umgeht, bewirkt häufig, dass sich ihr Wohlbefinden und damit auch ihre Leistungen und ihr Selbstvertrauen verbessern und ihr Störverhalten nachlässt. [11]

Nach Tausch und Tausch realisieren dies nur 10- 15 % aller Lehrkräfte.[12] Dies führen sie auf die berufsbedingte Grundhaltung bei Lehrkräften zurück, die im Gegensatz zu dem Grundgedanken des PZA steht. Durch die Überlegenheitsposition der Lehrer gegenüber den Schülern neigen viele dazu, diese schnell zurechtzuweisen und zu beurteilen. Ein Klima, das auf gegenseitigem Verstehen und auf Achtung beruht, erzeugt mehr Transparenz im Umgang miteinander, sodass es zu weniger Irritationen kommt und das Vertrauen gestärkt wird.

Ein positives Beispiel für einen solchen Ansatz findet man an finnischen Schulen, wo beispielsweise sehr viel Wert darauf gelegt wird, Schülerpersönlichkeiten nicht zu beschämen[13]. Dies unterstützt die Schüler darin, mit dem Leistungsdruck und den Konflikten in sozialen Verbunden zurechtzukommen. Die Schüler sind in erhöhtem Maße dazu bereit Leistung zu bringen, wenn sie sich unterstützt fühlen und haben sogar Freude daran etwas zu leisten und gut zu sein.

Langfristig bringt die Förderung des persönlichen Lernens eine Förderung emotionaler Kompetenzen der Schüler mit sich und bewirkt den Abbau von Aggressionen. Dadurch, dass die Schüler sich akzeptiert fühlen, entwickeln sich weniger Ängste und Verweigerungshaltungen gegenüber der Schule, zudem trägt die veränderte Wahrnehmung der eigenen Wirksamkeit zu einer Steigerung des Selbstwertgefühls bei.

Nicht zuletzt fördert ein personenzentriertes Vorgehen in der Schule langfristig das *persönliche Lernen* und das *fachliche Lernen* des Schülers.

Auf Seite des *persönlichen Lernens* kann der PZA bewirken, dass die emotionalen Fähigkeiten des Schülers gestärkt werden, er Aggressionen abbauen kann, er sich akzeptiert fühlt und er weniger Angst und Verweigerungshaltung gegenüber der Schule entwickelt. Weiterhin kann es eine Stärkung des Selbstwertgefühls, der Wahrnehmung eigener Wirksamkeit und der Motivation bedeuten. So verhält sich der Schüler auch einfühlsamer

---

[10] Im folgenden beschränke ich mich darauf von „Schülern" zu reden, meine damit aber selbstverständlich „Schülerinnen und Schüler". Das selbe gilt für „Lehrer" und andere Berufsbezeichnungen.
[11] Tausch, Reinhard: Achtung und Einfühlung-Kompaß für didaktische und erzieherische Handlung von Lehrern und Erziehern.S. 6.
[12] Ebd.
[13] Personenzentrierte Kultur verbessert Schulklima und Leistungsfähigkeit von Schülern und Lehrern. Interview mit Dr. Thomas Fleischer. S.12.

und achtungsvoller gegenüber Anderen.[14]

Auf der Seite des *fachlichen Lernens* kann eine Personenzentrierung die Steigerung der Schülerleistung bewirken, wie in wissenschaftliche Untersuchungen gegenüber Kontrollgruppen bewiesen wurde. Denkvorgänge, Spontaneität und der sprachliche Ausdruck werden gefördert. Für den Lehrer bedeutet dies, dass es zu einer Verringerung von Irritationen, Stress, Konflikten und Belastung in der schulischen Arbeit kommt. [15]

3. Der Erwerb der Kompetenz

Die Grundeinstellung für das Handeln nach dem personenzentrierten Ansatz ist, dass die Schüler Subjekt und nicht Objekt von Erziehung sein dürfen. Alle an der Schule Tätigen sollten achtsam, einfühlsam und ehrlich miteinander umgehen.

Diese Kompetenz muss aber bewusst erworben werden.[16] Sinnvoll wären Fortbildungen an Schulen, die den Lehrern ermöglichen personenzentrierte Haltungen und Verhaltensweisen zu erlernen und einzusetzen. Auch Schulleiter könnten von einem personenzentrierten Führungsstil profitieren.[17]

Personenzentrierte Kompetenzen könnten in allen Arbeitsbereichen der Schule nützlich sein; im Unterricht, in Besprechungen, Konferenzen, Gremien und bei Konfliktregelungen. Dazu lägen, nach Thomas Fleischer, Schulpsychologe und Ausbilder der GwG, aus vielen Arbeitszusammenhängen Konzepte und Curricula vor.[18]

Aktuelle Beispiele, wie sich Lehrer in diese Richtung fortbilden können, wären in Niedersachsen zurzeit die Weiterbildung zum Beratungslehrer, die zwei Jahre dauert, oder die Weiterbildung in Kommunikation, Interaktion und Kooperation (Kik) für Klassenlehrer, die eineinhalb Jahre dauert.

In der aktuellen Lehrerausbildung, weder im Studium noch während des Referendariats, spielt die Personenzentrierung allerdings kaum eine Rolle.[19]

Die erforderlichen Kompetenzen lassen sich nicht schnell vermitteln.[20] Thomas Fleischer

---

[14]Tausch, Reinhard: Achtung und Einfühlung-Kompaß für didaktische und erzieherische Handlung von Lehrern und Erziehern.S.9.
[15]Tausch, Reinhard: Achtung und Einfühlung-Kompaß für didaktische und erzieherische Handlung von Lehrern und Erziehern.S.9.
[16]Personenzentrierte Kultur verbessert Schulklima und Leistungsfähigkeit von Schülern und Lehrern. Interview mit Dr. Thomas Fleischer. S.9.
[17]Ebd.S.10.
[18]Ebd.
[19]Ebd.
[20]Ebd.

schlägt Fortbildungen vor, die mindestens 50 bis 200 Stunden umfassen, um das nötige Handwerkszeug zu lernen. Darin sollten Lehrer gute und wirksame Kommunikationsformen erwerben, die ihnen ermöglichen Fragen zu beantworten, wie beispielsweise Folgende: Wie kann ich mich so vorbereiten und im Unterricht handeln, dass das kognitive und emotionale Lernen der SuS erleichtert und gefördert wird, sodass sie die von der Gesellschaft gesetzten Ziele erreichen?[21] Auch müssen Lehrer lernen ihr Gesprächsverhalten und Grundhaltungen kritisch auf ihre Wirkung gegenüber den Schülern zu hinterfragen. Sinnvoll wäre es, wenn das personenzentrierte Miteinander auch von vorgesetzter Stelle, beispielsweise durch das Kultusministerium, unterstützt würde. [22]

Die Studien von Tausch und Tausch ergaben, dass folgende Bedingungen helfen Achtung und Einfühlungsvermögen bei Lehrern zu entwickeln: Trainingsseminare zur Förderung der Empathiefähigkeit, die Teilnahme an personenzentrierten Gesprächsgruppen, Training in personenzentrierter Kommunikation, Seminare zur Stressverminderung, aber auch tägliche Entspannungsübungen und körperliches Fitnesstraining. Weiterhin erwies sich das Besprechen von Ton und Videoaufnahmen des Lehrerverhaltens im Unterricht mit Kollegen und Angaben der Schüler zum Lehrerverhalten als förderlich.[23]

4.   Die Bedeutung des PZA für die Praxis in der Schule

Im Rahmen eines modernen Qualitätsmanagements kann personenzentriertes Handeln nicht nur im Unterricht wesentlich zur Qualität beitragen, sondern auch auf der organisatorischen Ebene einer Schule von großer Bedeutung sein. Kommunikation und Gesprächsführung sind Bestandteil von Führungskompetenzen. So können beispielsweise Fortbildungen für Schulleiter mit einem solchen Schwerpunkt diesen helfen, Konflikte im Kollegium besser zu lösen und so die Kooperation zu fördern und die Verantwortung zu verteilen. [24]

Was bedeutet Achtung und Einfühlungsvermögen nun aber für die Unterrichtspraxis?

Die Untersuchungen von Tausch ergaben, dass, ob ein Lehrer positiv hinsichtlich seiner Achtung und Einfühlungsvermögen gegenüber den Schülern bewertet wurde oder nicht,

---

[21]Tausch, Reinhard: Achtung und Einfühlung-Kompaß für didaktische und erzieherische Handlung von Lehrern und Erziehern. S.7.
[22]Ebd.
[23]Ebd. S.10
[24]Personenzentrierte Kultur verbessert Schulklima und Leistungsfähigkeit von Schülern und Lehrern. Interview mit Dr. Thomas Fleischer. S.11.

häufig mit förderlichen Aktivitäten zusammenhing. Diese förderlichen Aktivitäten bestanden zum Beispiel darin, den Schülern Erfolgserlebnisse zu ermöglichen, sie zu ermutigen und zu loben oder ihnen mehr Selbstständigkeit zu ermöglichen und den Unterricht weniger zu dirigieren und zu lenken. Weiterhin erwies es sich als förderlich, das fachliche Problem in ein lebensnahes Problem einzukleiden, sinnvolle Arbeitsaufträge zu stellen, öfter Partnerarbeit, Einzelarbeit und kurzzeitige Kleingruppenarbeit in den Stunden durchführen oder auch kurzzeitige Entspannungsübungen im Unterricht einzuführen. Anstelle des einfachen Abfragens von Wissen sollten häufiger Denk-, Kombinations- und Kreativaufgaben gestellt werden.[25] Gerade in Zeiten des steigenden Leistungsdrucks kann Empathie den Schüler darin unterstützen, mit den erhöhten Leistungsanforderungen, mit den Konflikten in sozialen Verbunden und mit Strukturen und Vorgaben von Regeln und Grenzen umzugehen. Die Kinder werden so befähigt in Situationen angemessen und flexibel, möglichst in Übereinstimmung mit den eignen Bedürfnissen, zurechtzukommen. Wenn das nicht klappt, ist eine positive, emotionsbezogene Ansprache wichtig, damit der Schüler nicht in eine Verweigerungshaltung rutscht.[26]

Am Beispiel eines störenden Schülers zeigt sich, wie personenzentriertes Handeln direkt im Unterricht funktionieren kann. Geht der Lehrer klassisch autoritär vor - ermahnt er den Schüler, weist er ihn zurecht oder sucht er auf eine andere Art die Konfrontation - ist es wahrscheinlich, dass der Schüler nach einer kurzen Pause wieder zu stören anfängt.[27]

Bei einem personenzentrierten Vorgehen wendet der Lehrer sich zunächst sich und dann dem aktuellen Erleben des Schülers zu[28]. Die Einsicht, dass Störungen und Probleme nicht unabhängig von der eigenen Wahrnehmung existieren, ist entscheidend; Stören mich einige Schüler mehr als andere, wie reagiere ich darauf und was ist der Grund dafür?[29] Eigene Verhaltensweisen müssen vom Lehrer erstmal verstanden werden, er muss eigene Kongruenz herstellen. Je mehr das der Fall ist, desto klarer werden die Reaktionen und der Lehrer wird für den Schüler als Person einschätzbarer. Die Grundlage für ein konstruktives Miteinander ist eine stabile, einfühlsame und tragfähige Beziehung. Dann können Verhaltensmaßnahmen aus der Beziehung erwachsen, die auf gegenseitigem Einverständnis

---

[25]Tausch, Reinhard: Achtung und Einfühlung-Kompaß für didaktische und erzieherische Handlung von Lehrern und Erziehern. S.7.

[26]Ebd. S. 13.

[27]Personenzentrierte Kultur verbessert Schulklima und Leistungsfähigkeit von Schülern und Lehrern. Interview mit Dr. Thomas Fleischer.S.11.

[28]Schmidt-Falck: Möglichkeiten des Umgangs mit schwierigen Schülern. Beziehungsangebote im Rahmen von Unterricht und Erziehung. In: Gesprächspsychotherapie und Personenzentrierte Beratung 1/04. S. 16.

[29]Ebd.

beruhen. Schülerzentrierung bedeutet zunächst herauszufinden, wo die Probleme liegen[30].

Der Lehrer versucht das Verhalten von seiner Innenseite her zu verstehen und geht auf das Bedürfnis des Schülers gehört zu werden und auf seinen Ärger, dass er sich zurückversetzt fühlt, ein. Die Gründe für störendes Verhalten im Unterricht liegen meist im jeweiligen Selbstkonzept des Schülers, das durch Beziehungs- und Objekterfahrungen entsteht.

Neue Beziehungserfahrungen können eine Inkongruenz hervorrufen, wenn eine Diskrepanz zwischen dem Selbstbild und dem eigenen Erleben besteht. Erst nachdem eine Beziehung zum Schüler hergestellt wurde, kann man in der Klasse oder im Einzelgespräch darüber sprechen, wie der Schüler sich besser einbringen kann. Wenn der Schüler jedoch weiterhin stört, so ist es auch wichtig, die vorher mit der Klasse verabredeten Konsequenzen wirken zu lassen. Wichtig ist aber vor allem, dass der Schüler in dem Konflikt nicht bloßgestellt wird und dem Lehrer innerlich die Wertschätzung für den Störer nicht verloren geht.

Bei älteren Kindern, die stabile aggressive und oppositionelle Verhaltensweisen aufweisen, muss der Lehrer sein Verhalten jedoch auch stärker strukturieren und Grenzen aufzeigen. Das personenzentrierte Verhaltensrepertoire kann zwar bei Konflikten unterstützen, aber auch externe (therapeutische) Hilfe sollte zurate gezogen werden, um den Lehrer in seiner Rolle als Erzieher nicht zu überfordern. Nach Thomas Fleischer ist eine Erziehungspartnerschaft zwischen Eltern und Lehrern am sinnvollsten, um Fehlentwicklungen entgegenzuwirken[31].

Zusätzlich ist es sinnvoll den PZA auch den Schülern zu vermitteln, da er ein Bestandteil der, als Bildungsziel geforderten, emotionalen Intelligenz ist. Schüler sollten den Unterschied zwischen Ich- und Du- Botschaft lernen und ein sprachliches Repertoire für Gefühlsausdrücke erwerben. Weiterhin müssen sie lernen ihre Bedürfnisse im Einklang mit sich selbst und ihrem Umfeld zu äußern. Zum Beispiel könnte der Lehrer die Schüler auffordern, bewusst die Aussage des Vorredners zu wiederholen, bevor sie ihre eigene Meinung zu einem Thema sagen, um sicherzustellen, dass sie den Anderen auch zuhören. Die Voraussetzung ist, dass die Schüler am eigenen Leib erfahren, wie gut es sich anfühlt, wenn andere mit ihnen empathisch umgehen. Das emotionale und soziale Lernen der Schüler braucht jedoch Zeit und muss ständig gefördert und weiterentwickelt werden, damit die Kompetenzen nicht wieder verloren gehen. [32]

---

[30]Schmidt-Falck: Möglichkeiten des Umgangs mit schwierigen Schülern..S. 18.
[31]Personenzentrierte Kultur verbessert Schulklima und Leistungsfähigkeit von Schülern und Lehrern. Interview mit Dr. Thomas Fleischer. S.13.
[32]Ebd.S.11.

Personenzentriertes Verhalten kann in jeder Lernsituation angewendet werden, wenn es um das Erleben, die Wahrnehmung und die (Selbst-)Bewertung geht. Auch die inhaltliche Arbeit ist immer eingebunden in unmittelbares Erleben. Die Themenzentrierte Interaktion, einem dem Personenzentrierten Ansatz nahestehenden Verfahren, versucht ein Gleichgewicht zwischen der Einzelperson, der Gruppe und dem Inhalt herzustellen[33].

Die häufigste Befürchtung von Lehrern ist, dass dieses Vorgehen als Zeichen von Schwäche ausgelegt wird. Doch Reinhard Tausch weist darauf hin, dass Achtung und Respekt auf Gegenseitigkeit beruhen.[34] Es bringt nichts, wenn sie nur vom Lehrer übernommen werden. Daher muss der Lehrer den Schülern, ohne sie herabzuwürdigen, bei Grenzübertretungen die gemeinsam verabredeten Konsequenzen spüren lassen, damit der Schüler lernt, Konsequenzen für sein Verhalten zu tragen. Die Schüler müssen lernen, sich an gemeinsame Regeln zu halten. Der Umgang mit Regeln muss daher geübt werden und der Lehrer muss den Schüler, durch die personenzentrierte Haltung, darin unterstützen, die Anforderung in altersangemessener Weise zu bewältigen.[35]

Im Rahmen des personenzentrierten Handelns bedeutet das, dass die Person sich in die Entwicklung von Regeln mit einbringt, sich direkt mit ihnen auseinandersetzt, Stellung bezieht, sich in den Prozess integriert und eine Mitverantwortung für deren Veränderung übernimmt.

Für die Rolle des Lehrers bedeutet dies: Weg von der Überlegenheitsposition als Dozierender, Lehrender und Stoffvermittler, hin zu der Rolle eines Helfers und Förderers der Schüler .

---

[33]Ebd.
[34]Tausch, Reinhard: Achtung und Einfühlung-Kompaß für didaktische und erzieherische Handlung von Lehrern und Erziehern.S.10.
[35]Ebd. S.13.

Literaturverzeichnis:

Köck, Janina: Der personenzentrierte Ansatz nach Carl R Rogers. http://www.wege.org/der-personenzentrierte-ansatz-nach-carl-r-rogers.html (30.5.2009)

Schmidt-Falck: Möglichkeiten des Umgangs mit schwierigen Schülern. Beziehungsangebote im Rahmen von Unterricht und Erziehung.In:Gesprächspsychotherapie und Personenzentrierte Beratung, Heft 01/2004. S.15-19.

Tausch, Reinhard 1999: Achtung und Einfühlung – Kompass für didaktische und erzieherische Handlungen von Lehrern und Erziehern. In: Beate Bender, Thomas Fleischer, Birke Mersmann (Hg.): Person und Beziehung in Schule und Unterricht. Ein Beitrag des Personenzentrierten Ansatzes zur Professionalisierung des Lernens in der Schule. Köln, S. 3–12

Personenzentrierte Kultur verbessert Schulklima und Leistungsfähigkeit von Schülern und Lehrern. Interview mit Dr. Thomas Fleischer. In: Gesprächspsychotherapie und Personenzentrierte Beratung, Heft 1/2004. S.9-14.